MONSIEUR MADAME™

LE GUIDE OFFICIEL

UNE HISTOIRE DE CHATOUILLE…

– À quoi ressemble une chatouille ?
demande un jour le petit Adam à son père.
– Regarde… répond celui-ci en prenant son crayon.
Roger Hargreaves, se met alors à dessiner pour son fils un personnage rond, orange, doté de bras extraordinairement longs… Monsieur Chatouille, premier Monsieur de la collection des Monsieur Madame, est né !

Avec leurs illustrations hautes en couleur, et leurs histoires simples et amusantes, les Monsieur Madame ont rapidement séduit d'autres enfants. Sais-tu que c'est aujourd'hui Adam lui-même, à la suite de son père, qui crée de **nouveaux personnages ?**

La collection des Monsieur Madame compte maintenant **51 Monsieur** et **45 Madame.** Chaque personnage met en avant un trait de caractère dans une histoire amusante. **Les connais-tu tous ?** As-tu trouvé celui qui te ressemble ? Reconnais-tu certains de tes amis dans d'autres ?

TOURNE VITE LES PAGES DE CE GUIDE POUR PLONGER DANS L'UNIVERS DES MONSIEUR MADAME ET EN SAVOIR PLUS SUR TOUS TES PERSONNAGES PRÉFÉRÉS !

MONSIEUR MADAME

Loi n° 49-956 du 16 juillet 1949 sur les publications destinées à la jeunesse.
Maquette : Antartik. Dépôt légal : septembre 2018.
Achevé d'imprimer en septembre 2018 par Macrolibros en Espagne. Édition 01.

LES MADAME

N° 1

MADAME AUTORITAIRE

À QUOI RESSEMBLE-T-ELLE ?

Madame Autoritaire est une petite Madame, dodue, bleu foncé. Elle porte un chapeau rouge et jaune avec une petite marguerite piquée dessus. Elle a souvent les sourcils froncés, ou le doigt levé. C'est pour mieux donner des ordres !

QUEL EST SON CARACTÈRE ?

Madame Autoritaire aime qu'on lui obéisse. Elle a besoin de tout organiser, de tout contrôler, de tout décider ! Forcément, elle n'est pas très aimable, puisqu'elle ne supporte pas que les autres Monsieur Madame fassent ce qu'ils veulent…

N°2

MADAME TÊTE-EN-L'AIR

À QUOI RESSEMBLE-T-ELLE ?

Madame Tête-en-l'air est une Madame toute rouge qui porte des gants bleus et des chaussures violettes. Mais elle a surtout un chapeau vert à ruban jaune qui lui cache les yeux. Seul son gros nez rouge dépasse… Elle a vraiment la tête en l'air !

QUEL EST SON CARACTÈRE ?

Madame Tête-en-l'air oublie toujours tout. Elle est si distraite qu'elle ne sait plus où elle habite et ne se rappelle jamais du prénom des gens qu'elle croise. Être aussi distraite lui cause beaucoup de soucis ; c'est très difficile de s'organiser quand on ne retient rien !

N°3

MADAME RANGE-TOUT

À QUOI RESSEMBLE-T-ELLE ?

Madame Range-Tout est une petite Madame jaune avec des couettes, attachées par des nœuds bleus. Elle a des chaussures à talons roses et porte souvent un sac à main à rayures bleues et rouges. Madame Range-Tout n'est jamais loin d'une boîte de rangement !

QUEL EST SON CARACTÈRE ?

Madame Range-Tout adore les boîtes. Elle a des dizaines et des dizaines de boîtes pour mettre toutes ses affaires. Le problème, c'est qu'elle ne sait jamais dans quelle boîte elle range quoi. En fait, madame Range-Tout ne retrouve jamais rien. Ce qui lui pose beaucoup de problèmes !

Nº4

MADAME CATASTROPHE

À QUOI RESSEMBLE-T-ELLE ?

Madame Catastrophe est toute ronde et toute rose. Ses cheveux sont attachés en deux chignons de chaque côté de la tête. Elle a un petit nez jaune, et de jolies chaussures vertes avec une partie blanche.

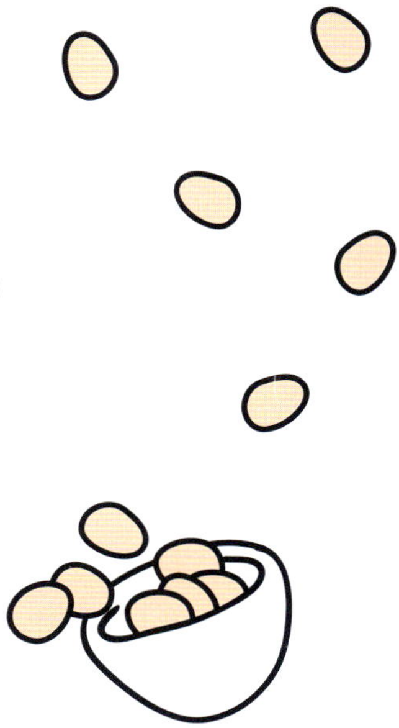

QUEL EST SON CARACTÈRE ?

Madame Catastrophe aime énormément rendre service. Elle accourt au moindre petit souci pour tout arranger. Mais comme elle est distraite, un peu maladroite et pas très chanceuse… ça se finit toujours en catastrophe ! Alors, les autres Monsieur Madame préfèrent qu'elle n'essaie pas d'aider…

N°5

MADAME ACROBATE

À QUOI RESSEMBLE-T-ELLE ?

Madame Acrobate est une Madame ronde et bleue avec de loooongues jambes, un peu comme monsieur Grand. Ses cheveux jaunes sont attachés en queue de cheval grâce à un nœud rose. Elle a aussi un petit nez rose et de petites taches de rousseur sur les joues.

QUEL EST SON CARACTÈRE ?

Madame Acrobate adore escalader, faire la roue, se tordre, et faire des sauts périlleux ! Quand il n'y a rien à escalader, elle s'ennuie un peu. C'est très utile pour les autres Monsieur Madame qui l'appellent quand quelque chose est coincé sur le toit. Madame Acrobate grimpe très bien sur les maisons !

N°6

MADAME MAGIE

À QUOI RESSEMBLE-T-ELLE ?

Madame Magie est jaune et ronde. Comme madame Bonheur, elle a des taches de rousseur, mais ses cheveux sont marron. Elle porte sur la tête un nœud vert et a aux pieds des chaussures rouges. Madame Magie a souvent un petit air malicieux...

QUEL EST SON CARACTÈRE ?

Madame Magie a plus d'un tour dans son sac. Elle habite la Villa Abracadabra et tout lui obéit. Il lui suffit d'un mot, et les objets se mettent en mouvement ! Madame Magie peut utiliser sa magie pour aider les autres Monsieur Madame à résoudre leurs problèmes. À condition de rester raisonnable !

N°7

MADAME PROPRETTE

À QUOI RESSEMBLE-T-ELLE ?

Madame Proprette est ronde, verte, avec un chapeau bleu à ruban blanc. Ses cheveux bien peignés sont noirs, et elle porte de petites lunettes rondes. Elle a des chaussures orange, et elle est toujours très, très propre.

QUEL EST SON CARACTÈRE ?

Madame Proprette aime avant tout nettoyer. Elle passe ses journées à tout mettre en ordre avec beaucoup de soin. Elle aime que chaque chose soit à sa place, et ne se sent bien que dans une maison rangée. Madame Proprette fait très attention d'être toujours impeccable !

Nº 8

MADAME INDÉCISE

À QUOI RESSEMBLE-T-ELLE ?

Madame Indécise est une jolie Madame ronde et orange avec un petit nez rond. Elle a deux tresses noires, attachées par deux petits nœuds bleus. Elle porte un chapeau rose avec un ruban blanc.

QUEL EST SON CARACTÈRE ?

Madame Indécise n'arrive jamais à se décider. Pour n'importe quelle question, elle dit oui, puis non, puis à nouveau oui… avant de revenir sur sa décision. Madame Indécise a tant de mal à se décider qu'elle peut passer des jours et des jours à changer d'avis. C'est très embêtant !

N°9

MADAME PETITE

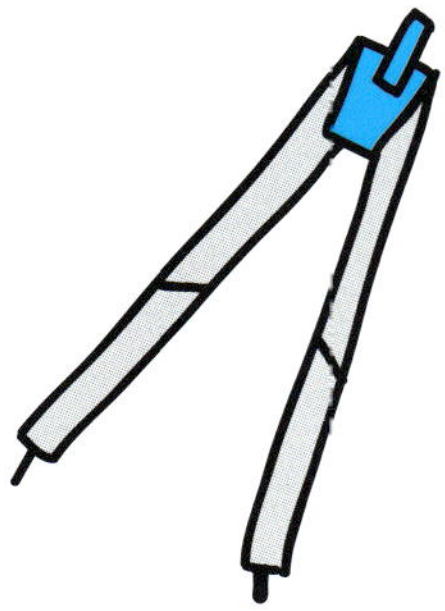

À QUOI RESSEMBLE-T-ELLE ?

Madame Petite est toute ronde et toute rose. Elle porte un nœud bleu sur la tête. Mais surtout, c'est la plus petite de tous les Monsieur Madame. Elle est vraiment minuscule !

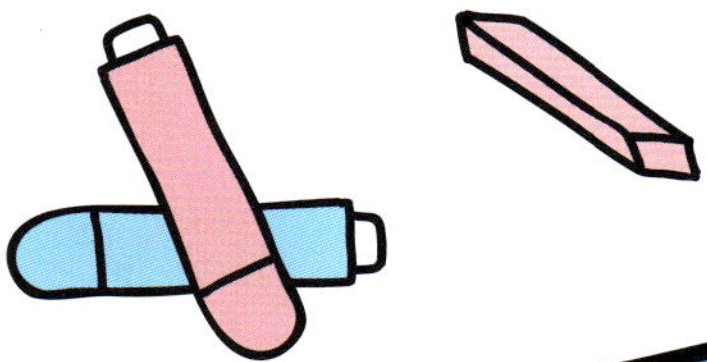

QUEL EST SON CARACTÈRE ?

Madame Petite est si petite que, pour elle, le reste du monde est immense. Elle se perd vite entre deux brins d'herbe, et tout est effrayant. Pour une Madame si petite, la vie n'est pas toujours facile ! Il faut faire attention à ne pas se faire marcher dessus, et il est très difficile d'attirer l'attention. Heureusement, madame Petite a plein de bonnes idées pour faire de sa taille une qualité !

N° 10

MADAME TOUT-VA-BIEN

À QUOI RESSEMBLE-T-ELLE ?

Madame Tout-Va-Bien porte de jolies lunettes rondes posées sur son petit nez rouge. Elle a d'épais cheveux bruns et frisés. Madame Tout-Va-Bien a surtout un grand sourire qui ne s'efface jamais, quoiqu'il arrive.

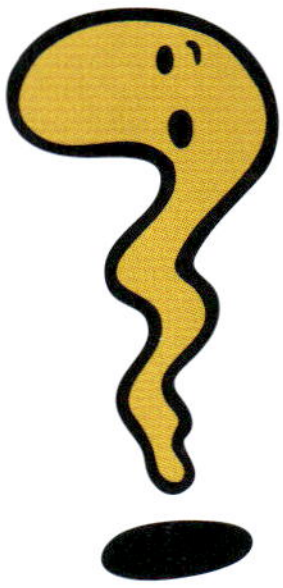

QUEL EST SON CARACTÈRE ?

Madame Tout-Va-Bien est incroyablement optimiste. Pour elle, rien n'est grave, et rien ne peut troubler sa bonne humeur. C'est très agréable pour les autres Monsieur Madame : d'un petit « Tout-Va-Bien », elle remonte aussitôt le moral. Il faut dire que pour que tout aille bien, elle s'applique à faire chaque chose correctement. Et ça marche !

N°11

MADAME TINTAMARRE

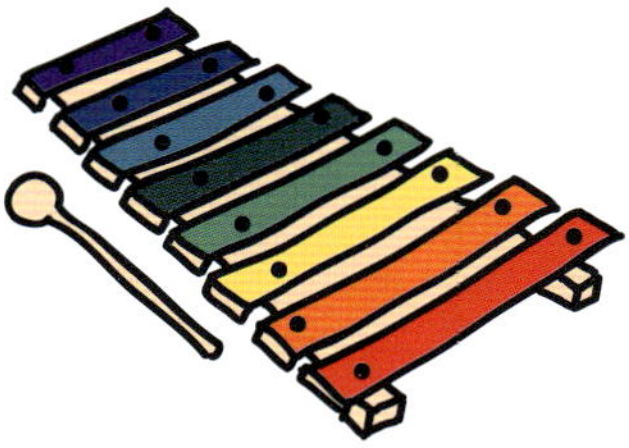

À QUOI RESSEMBLE-T-ELLE ?

Madame Tintamarre se reconnaît facilement : elle est triangulaire ! Elle est rouge avec un nez vert. Elle porte un nœud bleu accroché au sommet de sa tête. Ses chaussures sont toutes jaunes.

QUEL EST SON CARACTÈRE ?

Madame Tintamarre aime faire du bruit. Et ce qu'elle aime encore plus, c'est que cela s'entende. Elle déteste qu'on fasse plus de bruit qu'elle. Pour être sûre d'être la plus bruyante, elle se promène avec un porte-voix. Madame Tintamarre fait tellement de bruit qu'elle dérange vite les autres Monsieur Madame, sauf peut-être monsieur Bruit…

N° 12

MADAME TIMIDE

À QUOI RESSEMBLE-T-ELLE ?

Madame Timide est une Madame bleu ciel toute ronde. Ses cheveux lui retombent en petites mèches sur les yeux, et elle a souvent les joues toutes roses. C'est parce qu'elle est très, très timide !

QUEL EST SON CARACTÈRE ?

Madame Timide a très peur des gens. Elle vit très loin des autres Monsieur Madame et passe sa vie à se cacher. Quand on lui parle, elle est très embarrassée. Elle est si timide qu'elle n'ose pas rencontrer qui que ce soit. Alors, pour elle, la moindre invitation devient une catastrophe…

N° 13

MADAME BOUTE-EN-TRAIN

À QUOI RESSEMBLE-T-ELLE ?

Madame Boute-en-Train est une Madame ronde et orange. Elle a un nœud bleu pour attacher ses petits cheveux, et des taches de rousseur sur les joues. Son sourire est si grand qu'il donne envie de sourire aussi !

QUEL EST SON CARACTÈRE ?

Madame Boute-en-Train adore s'amuser, danser, faire la fête. Plus il y a de monde autour d'elle, plus elle est contente ! Elle est toujours de bonne humeur et a sans cesse de nouvelles idées pour s'amuser. C'est une très bonne amie ! Mais elle est inépuisable, et tous les autres Monsieur Madame se fatiguent bien avant elle.

Nº 14

MADAME CANAILLE

À QUOI RESSEMBLE-T-ELLE ?

Madame Canaille est une petite Madame ronde toute violette. Elle a sur la tête un gros nœud vert. Et si elle est si souvent cachée, c'est qu'elle prépare une bêtise !

QUEL EST SON CARACTÈRE ?

Madame Canaille est une sacrée farceuse... Elle aime faire des blagues qui ne sont pas toujours appréciées des autres Monsieur Madame. Elle se cache, et quand personne ne la surveille, hop ! elle fait une nouvelle bêtise. Ses bêtises ne font rire qu'elle, mais qu'est-ce qu'elle en rigole !

N° 15

MADAME BEAUTÉ

À QUOI RESSEMBLE-T-ELLE ?

Madame Beauté est très élégante. Toute ronde et toute verte, elle porte sur ses cheveux jaunes un grand chapeau blanc à pois rouges, entouré d'un ruban bleu. Elle a également de petites chaussures rouges et pointues à talons. Une vraie star !

QUEL EST SON CARACTÈRE ?

Madame Beauté n'aime que les choses les plus merveilleuses, les plus chères et les plus brillantes. Elle ne peut s'empêcher de s'admirer régulièrement dans son miroir. Mais, en étant si fière de son reflet, elle en devient méchante envers les autres… Quelle prétentieuse, cette madame Beauté !

Nº 16

MADAME SAGE

À QUOI RESSEMBLE-T-ELLE ?

Madame Sage est rose avec un nez rouge, et d'épais cheveux châtains. Elle porte sagement une petite barrette verte pour les attacher sur le côté. Madame Sage n'a jamais l'air malicieux de quelqu'un qui prépare une bêtise, ni la bougeotte dans les mains et les pieds. Elle est sage comme une image !

QUEL EST SON CARACTÈRE ?

Voilà la plus raisonnable de toutes les Madame. Madame Sage ne fait rien de travers. Elle sait réfléchir avant de prendre une décision, et quand elle fait quelque chose, elle le fait bien. Sagement. Sans prendre de risques, sans faire de bêtises. Mais comme tous les Monsieur Madame ne sont pas aussi sages, il n'est pas toujours facile de rester aussi raisonnable…

N° 17

MADAME DOUBLE

À QUOI RESSEMBLE-T-ELLE ?

Madame Double et madame Double sont presque la même Madame… Mais en double ! Ce sont des petites sœurs jumelles rondes, toutes jaunes avec un nez rouge et un nœud papillon bleu sur la tête. Et surtout, parfaitement identiques !

QUEL EST SON CARACTÈRE ?

Madame Double et madame Double sont habituées à tout faire en double. En les croisant, on croit voir double ! C'est dans leur caractère : elles prennent deux petits déjeuners, achètent deux baguettes de pain, envoient des lettres avec deux timbres… Dans leur pays, on double tout, même la fin de chaque phrase ! C'est très amusant-sant !

N° 18

MADAME JE-SAIS-TOUT

À QUOI RESSEMBLE-T-ELLE ?

Madame Je-Sais-Tout est une grande dame bleu foncé avec un long nez pointu. Elle a des cheveux jaunes, sur lesquels est accroché un tout petit nœud rouge.

QUEL EST SON CARACTÈRE ?

Madame Je-Sais-Tout est très savante : elle connaît des tas de petites choses faciles, mais aussi plein de choses très compliquées que personne ne sait. C'est parce que madame Je-Sais-Tout lit beaucoup de livres savants. Elle aime beaucoup répondre à des questions difficiles, pour montrer qu'elle sait tout. Sauf quand, à de très rares moments, il est plus prudent de ne pas savoir…

N° 19

MADAME CHANCE

À QUOI RESSEMBLE-T-ELLE ?

Madame Chance, rose avec un petit nez bleu, porte un drôle de chapeau. C'est une charlotte à carreaux bleus, surmontée d'un joli nœud rouge. Madame Chance garde le sourire : elle est tellement chanceuse !

QUEL EST SON CARACTÈRE ?

Cette Madame-là est une sacrée chanceuse. Comme toi, il lui arrive d'avoir peur. Comme tout le monde, il lui arrive d'avoir des doutes. Mais à chaque fois, tout se finit toujours très bien pour elle, sans qu'elle ait besoin de faire quoi que ce soit. Ce qui est très pratique, n'est-ce pas ?

MADAME PRUDENTE

À QUOI RESSEMBLE-T-ELLE ?

Madame Prudente est toute bleue. Elle a un petit nez jaune et des cheveux bouclés orange. Elle est si prudente qu'elle ne sort jamais sans prendre avec elle un parapluie, des bottes et un chapeau de pluie. Même si elle vit dans un pays où il fait toujours soleil, madame Prudente a tout prévu !

QUEL EST SON CARACTÈRE ?

Madame Prudente... n'est pas vraiment prudente. Mais personne ne le sait. Parce qu'elle a beaucoup de chance ! Pourtant, chez elle, elle glisse sur la rampe d'escalier, se brûle avec l'eau du thé, sort en sautant par la fenêtre... Quelle imprudente ! Heureusement, à chaque petit bobo, elle devient un peu plus prudente.

N°21

MADAME BOULOT

À QUOI RESSEMBLE-T-ELLE ?

Madame Boulot est jaune, avec un gros nez arrondi. Elle porte de petites chaussures blanches à bouts verts, et de grosses lunettes rondes et rouges. Elle a les cheveux châtains, attachés avec de petits nœuds bleus.

QUEL EST SON CARACTÈRE ?

Madame Boulot est une madame exemplaire : elle aime travailler ! Le problème, c'est qu'elle travaille tout le temps, sans arrêt, et ne prend jamais de vacances. Madame Boulot ne supporte pas de ne rien faire. Elle trouve toujours du travail ! Mais, tout le monde le sait, il faut parfois savoir se reposer…

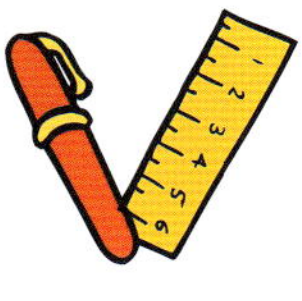

N°22

MADAME GÉNIALE

À QUOI RESSEMBLE-T-ELLE ?

Madame Géniale est une Madame rose avec un grand nez. Elle a les cheveux jaunes et frisés et porte un petit nœud bleu. Madame Géniale aime afficher un large sourire : elle est tellement géniale !

QUEL EST SON CARACTÈRE ?

Madame Géniale est pleine d'idées. Elle adore répéter « J'ai une idée GÉNIALE ! ». Le problème c'est que ses idées ne sont pas toutes toujours complètement géniales. Mais l'essentiel, c'est qu'elle le croit, non ? Et madame Géniale est si persuadée d'être géniale qu'elle est toujours de très bonne humeur. Et puis, elle a une imagination débordante.

N°23

MADAME OUI

À QUOI RESSEMBLE-T-ELLE ?

Madame Oui est une petite Madame verte avec un nez jaune. Ses cheveux sont attachés par de jolis nœuds rouges. Madame Oui est toujours souriante et sympathique.

QUEL EST SON CARACTÈRE ?

À l'inverse de monsieur Non, madame Oui dit toujours oui. Mais comme lui, c'est parce qu'elle ne peut pas s'en empêcher. Parfois, elle aimerait aussi pouvoir dire non… mais c'est plus fort qu'elle. Cela en fait une très bonne amie, puisqu'en répondant oui, elle ne fait jamais de peine. Mais ça peut aussi causer de drôles de situations…

N° 24

MADAME POURQUOI

À QUOI RESSEMBLE-T-ELLE ?

Madame Pourquoi est une petite Madame orange avec de longs cheveux blonds. Ses cheveux sont attachés en queue de cheval au-dessus de sa tête, une queue de cheval… en forme de point d'interrogation !

QUEL EST SON CARACTÈRE ?

Cette Madame se pose toujours plein de questions. Et lorsqu'on lui donne une réponse, madame Pourquoi se demande bien pourquoi on lui a donné précisément cette réponse-là. Madame Pourquoi est si souvent en train de se questionner que, parfois, elle agace les autres Monsieur Madame. Parfois, il faut savoir se contenter d'un « pourquoi pas » !

N°25

MADAME COQUETTE

À QUOI RESSEMBLE-T-ELLE ?

Madame Coquette est une charmante Madame toute ronde, bleu ciel, avec de jolis cheveux jaunes tout frisés. Le nœud de ses cheveux, à paillettes colorées, est assorti à son sac, ses gants et ses chaussures. Comme elle est très coquette, elle a mis un peu de rose sur ses joues.

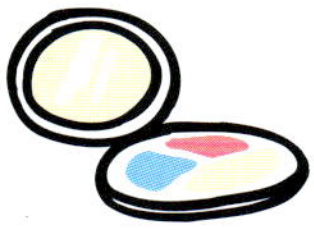

QUEL EST SON CARACTÈRE ?

Madame Coquette aime choisir soigneusement sa tenue et la décoration de sa maison. Elle aime que tout soit joli, soigné et agréable à regarder. Elle met beaucoup de temps à se préparer pour sortir. Et surtout, elle fait en sorte que tout, tout, tout soit assorti.

N°26

MADAME CONTRAIRE

À QUOI RESSEMBLE-T-ELLE ?

Madame Contraire est toute ronde et toute rouge. Elle porte des lunettes et un petit nœud bleu dans ses cheveux jaunes coupés au carré. Elle n'est jamais là où elle devrait être !

QUEL EST SON CARACTÈRE ?

Madame Contraire a l'esprit de contradiction : elle fait toujours le contraire de ce qu'il faudrait faire. Elle dit « Bonsoir » au lieu de « Bonjour », et « C'était épouvantable » pour « C'était fabuleux ». Les autres Monsieur Madame ne comprennent jamais rien à cette Madame-là. Elle leur met la tête à l'envers tout en restant toujours de bonne humeur !

N° 27

MADAME TÊTUE

À QUOI RESSEMBLE-T-ELLE ?

Madame Têtue est toute petite, toute violette, et toute mignonne, mais si têtue qu'elle a tout le temps l'air de s'entêter, en boudant un peu avec les sourcils froncés. Madame Têtue a les cheveux séparés par une raie au milieu, et de petits épis qui dépassent. Elle porte des sandales noires.

QUEL EST SON CARACTÈRE ?

Madame Têtue est si obstinée que quand elle décide quelque chose, rien ne peut la faire changer d'avis. Elle ne veut faire que ce qu'elle a décidé, et elle se moque bien des conseils que les autres Monsieur Madame peuvent lui donner. Madame Têtue s'entête et s'entête… et à chaque fois, ce qui doit arriver arrive. Madame Têtue se rend souvent compte qu'elle aurait mieux fait de réfléchir avant de s'entêter. Ce qui ne l'empêche pas de recommencer ! Qu'elle est têtue !

N°28

MADAME EN RETARD

À QUOI RESSEMBLE-T-ELLE ?

Madame En Retard est toute ronde, kaki, avec des taches de rousseur. Elle a un petit nez rond et jaune. Ses cheveux orange sont tout frisés. Elle a toujours l'air inquiet de quelqu'un de pressé...

QUEL EST SON CARACTÈRE ?

Madame En Retard n'est jamais, jamais à l'heure. Le problème, c'est qu'elle a tellement de retard qu'elle manque tout. Elle va faire ses courses une fois les magasins fermés, se rend à son travail le soir venu, et part en vacances d'été en plein hiver. C'est très embêtant pour les autres Monsieur Madame, qui finissent par se décourager en l'attendant.

N° 29

MADAME BAVARDE

À QUOI RESSEMBLE-T-ELLE ?

Madame Bavarde est rose et petite avec un corps en demi-cercle. Elle attache ses cheveux blonds en deux chignons de chaque côté de la tête. Elle porte des chaussures blanches à bouts bleus. Madame Bavarde a très souvent la bouche ouverte : c'est normal, elle parle tout le temps.

QUEL EST SON CARACTÈRE ?

Madame Bavarde parle tout le temps, à tout moment de la journée, et sur tous les sujets. Comme monsieur Bavard, qui lui ressemble beaucoup, elle ne s'arrête jamais de raconter toutes sortes de choses. Parfois, les autres Monsieur Madame aimeraient bien qu'elle fasse une pause !

N° 30

MADAME FOLLETTE

À QUOI RESSEMBLE-T-ELLE ?

Madame Follette est une Madame rigolote, marron avec un nez rose. Elle a les cheveux jaunes et frisés, et porte un chapeau rond, orange avec un ruban blanc. Madame Follette a de petites taches de rousseur de chaque côté du nez, et un petit air malicieux.

QUEL EST SON CARACTÈRE ?

Madame Follette, comme monsieur Étonnant et monsieur Bizarre, habite en Bizarrance, pays très étrange où tout est un peu fou. D'ailleurs, madame Follette aime beaucoup mettre un peu partout son grain de folie. Elle a plein d'idées de petites choses amusantes pour rendre la vie un peu plus folle. C'est ce qui fait qu'elle est très appréciée !

N° 31

MADAME BONHEUR

À QUOI RESSEMBLE-T-ELLE ?

Madame Bonheur est une Madame toute jaune. Elle est ronde avec des taches de rousseur. Elle porte des tresses qu'elle attache avec un ruban rouge. Madame Bonheur est toujours souriante.

QUEL EST SON CARACTÈRE ?

Madame Bonheur est toujours heureuse. Elle adore s'amuser. Pour elle, la vie est toujours belle : il suffit de voir les choses du bon côté. Elle sait redonner le sourire à tous les gens tristes. Le monsieur qui lui ressemble le plus est monsieur Heureux.

MADAME VEDETTE

À QUOI RESSEMBLE-T-ELLE ?

Madame Vedette est bleue, avec un petit nez rouge. Elle a des cheveux orange et frisés, coupés courts et très épais. Madame Vedette porte aux pieds des chaussures à talons vertes avec une touche de blanc.

QUEL EST SON CARACTÈRE ?

Madame Vedette a un rêve secret : elle veut être célèbre. Qu'on la regarde, qu'on l'arrête dans la rue, qu'on lui demande des autographes. Elle passe son temps à réfléchir à un moyen d'y arriver. Parce que madame Vedette est peu connue, comme tout le monde. À une grosse différence près : elle est très, très déterminée à le devenir !

N° 33

MADAME VITE-FAIT

À QUOI RESSEMBLE-T-ELLE ?

Madame Vite-Fait est toute rose. Elle a des cheveux marron, comme ses chaussures. Elle attache ses cheveux avec un nœud, mais elle l'a tellement vite fait qu'il est à moitié défait… Madame Vite-Fait est toujours toute décoiffée.

QUEL EST SON CARACTÈRE ?

Madame Vite-Fait aime apporter son aide aux autres, et faire plein de choses. Le problème, c'est qu'elle fait tout très vite, sans faire attention, et sans prendre le temps de bien faire. Madame Vite-Fait fait donc tout… vite et mal. Cela rend furieux les autres Monsieur Madame qu'elle croyait aider. Elle fait plein de bêtises en allant trop vite !

N°34

MADAME CASSE-PIEDS

À QUOI RESSEMBLE-T-ELLE ?

Madame Casse-Pieds est une petite Madame ronde et jaune clair. Elle a un nez tout rose et des chaussures orange à lacets. Les cheveux de madame Casse-Pieds sont marron et frisés. Elle les attache avec un nœud orange, et sa queue de cheval frisée tient toute seule sur sa tête. Quelle rigolote, cette madame Casse-Pieds !

QUEL EST SON CARACTÈRE ?

Cette Madame-là est très énervante. Elle a toujours quelque chose à redire. Elle donne des conseils aux autres comme si elle savait tout, et critique tout, tout le temps. Les autres Monsieur Madame n'aiment pas beaucoup être critiqués, alors madame Casse-Pieds se retrouve vite toute seule. Ce qui est drôle… c'est qu'elle trouve ça vraiment très casse-pieds.

N°35

MADAME DODUE

À QUOI RESSEMBLE-T-ELLE ?

Madame Dodue est une Madame toute potelée, avec un bon petit ventre rond et un très grand nez. Elle est tout orange, et porte des chaussures à talons bleues. Son chapeau est assorti à ses chaussures, avec un ruban blanc et une marguerite plantée dedans. Madame Dodue a des cheveux blonds attachés en chignon.

QUEL EST SON CARACTÈRE ?

Madame Dodue est une grande amie de monsieur Glouton. Comme lui, elle mange énormément. C'est pour ça qu'elle est si dodue. Lorsque les autres mangent une tartine au petit déjeuner, madame Dodue en engloutit une trentaine ! Elle est toujours ravie de pouvoir partager un repas copieux. Surtout avec monsieur Glouton. Quel appétit !

N°36

MADAME RISETTE

À QUOI RESSEMBLE-T-ELLE ?

Madame Risette est une adorable Madame bleue avec un petit nez jaune tout rond. Elle a des cheveux rouges coupés au carré, retenus par deux petits nœuds jaunes. Elle a plein de petites taches de rousseur sur les joues. C'est la plus souriante des Madame !

QUEL EST SON CARACTÈRE ?

Madame Risette a un très joli sourire. Et elle le montre tout le temps : elle peut sourire en se brossant les dents, en dormant, et même en mangeant. Madame Risette est incroyablement souriante. Un sourire comme le sien rend forcément de bonne humeur, et c'est une adorable madame. Elle aime beaucoup partager ses sourires avec monsieur Heureux qui les lui rend bien. Parce que, si un jour elle devait perdre son sourire, ce serait terrible, n'est-ce pas ?

N° 37

MADAME CHIPIE

À QUOI RESSEMBLE-T-ELLE ?

Madame Chipie est kaki avec un petit nez rond, tout vert. Elle a des taches de rousseur sur les joues. Ses cheveux rouges sont attachés par de jolis nœuds bleus. Et elle ne quitte jamais… son sourire de chipie !

QUEL EST SON CARACTÈRE ?

Madame Chipie a l'air adorable… Mais elle cache bien son jeu ! Sous son sourire innocent, il y a une vraie chipie, toujours prête à semer la zizanie. Elle invente des histoires et raconte des mensonges pour que les autres Monsieur Madame se fâchent entre eux. Et ça la fait bien rire, cette chipie ! Seulement, comme le dit le docteur, « quand on sème la zizanie… on récolte des ennuis ! »

N°38

MADAME FARCEUSE

À QUOI RESSEMBLE-T-ELLE ?

Madame Farceuse est une Madame violette et ronde avec un grand sourire victorieux. Elle a un nez rond et rouge et des taches de rousseur sur les joues. Ses cheveux rouges sont attachés en deux couettes grâce à des nœuds jaunes.

QUEL EST SON CARACTÈRE ?

Madame Farceuse, comme monsieur Farceur, aime beaucoup faire des farces. Beaucoup trop au goût des autres Monsieur Madame, même. Car les farces de madame Farceuse ne sont vraiment pas drôles. Elles sont plutôt méchantes, et tout le monde est très énervé contre elle. Attention, madame Farceuse, il faudra assumer toutes vos vilaines blagues…

N° 39

MADAME MALCHANCE

À QUOI RESSEMBLE-T-ELLE ?

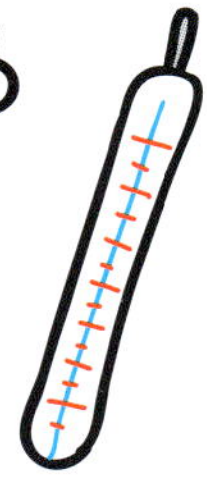

Madame Malchance ressemble beaucoup, beaucoup à son frère, monsieur Malchance. Comme lui, elle est ronde et bleue, mais son bleu à elle est plus foncé. Comme lui, elle porte des bandages, mais ses bandages à elle sont plus petits. Ils laissent dépasser ses cheveux noirs un peu ébouriffés, son petit nez rose, et son air tout étonné d'être aussi malchanceuse.

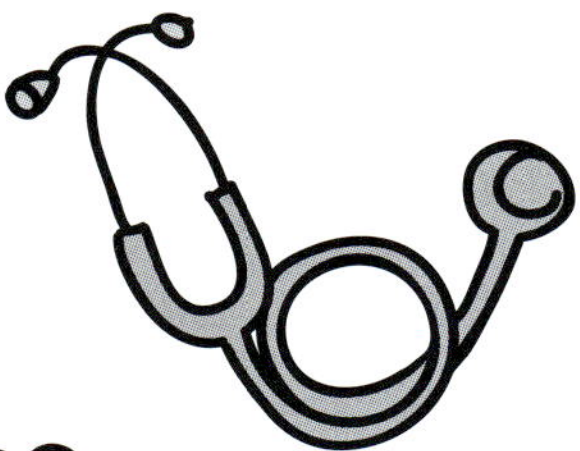

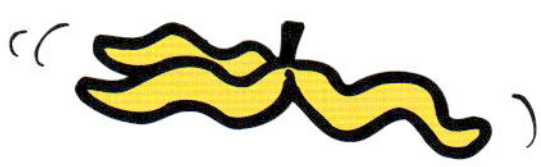

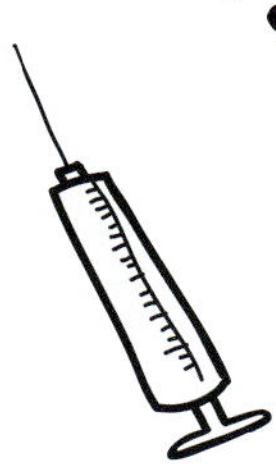

QUEL EST SON CARACTÈRE ?

Madame Malchance n'a vraiment pas de chance. Il ne lui arrive que des catastrophes. Et elle n'y est pour rien ! Tout ce malheur est dû à sa malchance ; heureusement, madame Malchance ne se laisse pas abattre facilement. Après tout, tant qu'elle arrive à son but, peu importent les difficultés sur son chemin. Et... elle peut être sûre d'en rencontrer plein !

N°40

MADAME TERREUR

À QUOI RESSEMBLE-T-ELLE ?

Madame Terreur est rouge et ronde, mais ses cheveux rouges comme son corps forment des piques terrifiants qui se dressent sur sa tête. Pour faire peur, elle aime froncer les sourcils. Sous son nez tout rond et tout jaune, madame Terreur montre les dents plus qu'elle ne sourit vraiment. Brrrr…

QUEL EST SON CARACTÈRE ?

Madame Terreur aime faire peur. C'est son activité favorite. Pour la pratiquer, madame Terreur sort surtout la nuit. Sur la pointe des pieds, elle se glisse près des Monsieur Madame les plus peureux et « GRRRRR » : elle crie de toutes ses forces ! La victime préférée de madame Terreur est monsieur Peureux, forcément ! Mais elle ne ne devrait pas oublier que certains d'entre eux savent aussi crier très fort…

N°41

MADAME PRINCESSE

À QUOI RESSEMBLE-T-ELLE ?

Madame Princesse est une Madame rose et ronde, toujours avec un air gentil sur le visage. Elle a également un petit nez rond et rose. Ses cheveux sont blonds comme les blés, élégamment coiffés comme les princesses. Elle porte de jolies chaussures bleu ciel et sur sa tête… trône une couronne dorée ! C'est à cela qu'on la reconnaît, car une princesse se doit de toujours porter sa couronne !

QUEL EST SON CARACTÈRE ?

Madame Princesse fait réellement partie de la royauté : elle est la fille d'un roi et d'une reine. Elle a toujours eu des domestiques pour prendre soin d'elle et s'occuper de tous ses besoins. Gentille et polie, les bonnes manières sont très importantes pour madame Princesse. Elle est consciente de sa chance et profite de son statut pour choyer ses amis ! Une fois, elle a essayé de les aider par elle-même, mais madame Princesse n'est pas très douée pour se débrouiller toute seule… Heureusement, elle sait toujours où trouver de l'aide !

N°42

MADAME CÂLIN

À QUOI RESSEMBLE-T-ELLE ?

Madame Câlin est une mignonne petite Madame rose, au corps en forme de cœur. Ses cheveux sont roses aussi, décorés d'une petite fleur blanche de chaque côté de la tête. Elle porte des petites chaussures rouges bordées de blanc. Madame Câlin affiche une expression chaleureuse et tend souvent les bras devant elle, prête à faire des câlins !

QUEL EST SON CARACTÈRE ?

Madame Câlin est très affectueuse et adore étreindre les autres Monsieur Madame. En effet, ses bras s'adaptent à n'importe qui, de monsieur Petit à monsieur Glouton, pour pouvoir faire des câlins aux gens ! Ses câlins sont tout doux et peuvent réconforter n'importe qui. Même madame Autoritaire et monsieur Grincheux n'y résistent pas !

N°43

MADAME FABULEUSE

À QUOI RESSEMBLE-T-ELLE ?

Madame Fabuleuse est ronde et orange. Très stylée, elle porte des chaussures à talon bleu-vert et un sac à main rouge avec une étoile jaune. Mais ce qu'il y a de plus fabuleux à propos d'elle c'est sa magnifique chevelure blonde, soyeuse et brillante comme de l'or.

QUEL EST SON CARACTÈRE ?

Madame Fabuleuse est une personne qui a du style, surtout en ce qui concerne sa coupe de cheveux. Ses cheveux sont si fabuleux qu'elle peut tout essayer : porter les cheveux relevés, lissés, bouclés ou même teints en rose ! Quoi qu'elle fasse, tout le monde essaie de la copier.

MADAME LUMINEUSE

À QUOI RESSEMBLE-T-ELLE ?

Madame Lumineuse est une jolie Madame en forme d'étoile avec un nez rose et des taches de rousseur sur les joues. Sa joie de vivre la fait scintiller de mille feux. Avec ses petites chaussures roses et son nœud bleu, elle est toujours très souriante.

QUEL EST SON CARACTÈRE ?

Madame Lumineuse est une personne joyeuse et pétillante. Pleine de vie, elle adore chanter, discuter, jouer et surtout danser ! Elle peut danser avec n'importe qui, même monsieur Maladroit qui lui écrase les pieds.

N°45

MADAME INVENTION

À QUOI RESSEMBLE-T-ELLE ?

Madame Invention est une petite Madame ronde et jaune. Elle a un nez bleu et elle porte des lunettes rondes. Dans sa chevelure verte et bouclée, elle coince souvent des crayons ou même des outils !

QUEL EST SON CARACTÈRE ?

Madame Invention est particulièrement brillante ! Elle a toujours des centaines d'idées et elle les transforme très souvent en inventions géniales. Que ce soit pour elle-même ou pour ses amis, elle adore concevoir et fabriquer de nouveaux objets incroyables.

MADAME ANNIVERSAIRE

À QUOI RESSEMBLE-T-ELLE ?

Madame Anniversaire est une Madame rose et carrée avec un nez bleu. Ses cheveux sont blonds et coiffés en deux chignons. Elle porte un joli nœud violet et des chaussures bleues.

QUEL EST SON CARACTÈRE ?

Pour madame Anniversaire, chaque jour de l'année est une fête car c'est toujours l'anniversaire de quelqu'un. Ce qu'elle aime par-dessus tout, c'est faire des cadeaux ! Elle est particulièrement douée pour trouver le cadeau parfait qui fera plaisir à chacun. Et une fois le cadeau choisi, elle s'amuse aussi beaucoup à l'emballer et à l'offrir, bien sûr !

MADAME NOËL

À QUOI RESSEMBLE-T-ELLE ?

Madame Noël est une Madame verte en forme de triangle. Son nez est jaune est ses cheveux sont rouges. Elle a deux couettes avec un petit morceau de houx au bout de chacune. Elle porte des gants rouges et des chaussures rouges et blanches à talon.

QUEL EST SON CARACTÈRE ?

Madame Noël n'a pas peur du froid car elle vit dans un igloo au Pôle Nord, juste à côté du Père Noël. Son travail c'est justement d'aider le Père Noël à emballer tous les cadeaux, et elle le prend très au sérieux. Après avoir passé toute l'année plongée dans les papiers cadeaux et le ruban adhésif, elle aime bien prendre des vacances au soleil !

LES MONSIEUR

N° 1

MONSIEUR CHATOUILLE

À QUOI RESSEMBLE-T-IL ?

Monsieur Chatouille est un Monsieur orange, petit et dodu. Il porte un chapeau bleu, et a des bras incroyablement longs.

QUEL EST SON CARACTÈRE ?

Monsieur Chatouille adore chatouiller les autres Monsieur Madame.
Il lui suffit d'allonger ses bras pour aller les chatouiller chez eux. Cela le fait beaucoup rire, mais cela peut aussi poser quelques désagréments !

N°2

MONSIEUR RAPIDE

À QUOI RESSEMBLE-T-IL ?

Monsieur Rapide est un grand Monsieur bleu. Il porte un chapeau haut-de-forme marron et blanc. De tous les Monsieur Madame, c'est celui qui va le plus vite !

QUEL EST SON CARACTÈRE ?

Monsieur Rapide fait tout en un éclair. Il est si rapide qu'en une seule journée, il peut faire plein, plein, plein de choses. Forcément, il ne tient pas en place. C'est si facile pour lui de finir chaque chose ! C'est un peu fatiguant pour ses voisins... surtout pour monsieur Lent !

N°3

MONSIEUR FARCEUR

À QUOI RESSEMBLE-T-IL ?

Monsieur Farceur est un Monsieur jaune, avec un nez bleu. Il a sur la tête un chapeau melon rose. S'il sourit autant, c'est parce que ses farces sont vraiment drôles !

QUEL EST SON CARACTÈRE ?

Monsieur Farceur ne peut pas s'empêcher de faire des farces… c'est plus fort que lui. Bien caché, il est toujours là où on ne l'attend pas. Mais ses blagues n'amusent pas du tout les autres Monsieur Madame. C'est normal, lui non plus n'aimerait pas qu'on lui en fasse !

N°4

MONSIEUR GLOUTON

À QUOI RESSEMBLE-T-IL ?

Monsieur Glouton est très, très gros. Tout rose, il a un ventre énorme sur lequel il pose ses deux petites mains. Et s'il le tapote en souriant, c'est qu'il a bien mangé !

QUEL EST SON CARACTÈRE ?

Monsieur Glouton est un Monsieur si gourmand qu'il passe sa vie à manger. Dès le matin, il avale, engloutit, engouffre, et une fois son repas terminé… il pense au repas suivant ! Le problème, c'est qu'il est si obsédé par la nourriture qu'il pense rarement à autre chose.

MONSIEUR RIGOLO

À QUOI RESSEMBLE-T-IL ?

Monsieur Rigolo est très drôle à regarder ! C'est un petit monsieur vert clair, dont la tête est surmontée d'un chapeau jaune et bleu avec une petite fleur plantée dedans. Il porte des gants jaunes et des chaussures blanches à bouts rouges. C'est un monsieur tout rond, qui a toujours le sourire !

QUEL EST SON CARACTÈRE ?

Ce Monsieur-là n'a aucun mal à faire rire tous les Monsieur Madame. Avec sa tête rigolote, et ses drôles de petites manies, il est très apprécié. Il lui suffit d'une phrase ou d'une grimace pour rendre le sourire aux tristes mines. Monsieur Rigolo rend la vie plus rigolote, et il aime beaucoup ça !

N°6

MONSIEUR COSTAUD

À QUOI RESSEMBLE-T-IL ?

Monsieur Costaud est un Monsieur rouge qui porte un chapeau vert. Il est carré comme une armoire… et c'est le plus costaud des Monsieur !

QUEL EST SON CARACTÈRE ?

Monsieur Costaud n'est pas seulement incroyablement fort, il est aussi très distrait. Alors, sans le faire exprès, il casse plein de choses d'un tout petit coup. Monsieur Costaud est très serviable, et ce qu'il préfère, à part manger des œufs, c'est utiliser sa force pour aider les autres.

N°7

MONSIEUR GROGNON

À QUOI RESSEMBLE-T-IL ?

Monsieur Grognon est un Monsieur ovale, tout violet, avec un chapeau à bosses vert d'eau. Ce qui distingue le plus monsieur Grognon de tous les autres, ce sont ses sourcils froncés et sa grande bouche grimaçante.

QUEL EST SON CARACTÈRE ?

Monsieur Grognon fait toujours la tête ! Il ne peut pas s'empêcher de rouspéter. Il n'aime rien, trouve tout énervant, insupportable, détestable. Et il le dit ! Ce qui n'amuse pas beaucoup les autres Monsieur Madame qui préfèrent rire et faire la fête. Mais c'est plus fort que lui, monsieur Grognon n'est jamais content. Cela pourrait bien se retourner contre lui…

N° 8

MONSIEUR CURIEUX

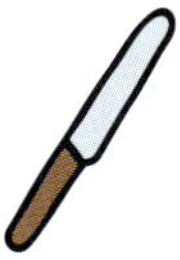

À QUOI RESSEMBLE-T-IL ?

Monsieur Curieux est un Monsieur tout vert, comme un haricot ! Il garde les yeux bien ouverts pour tout observer et ne rien rater. Et pour mieux mettre son nez un peu partout, surtout dans les affaires des autres, il a un très, très, très long… nez !

QUEL EST SON CARACTÈRE ?

Monsieur Curieux a besoin de tout savoir. Il aime être au courant de tout, et à chaque fois qu'il entend quelque chose, ou qu'il voit quelque chose… il passe le bout de son nez pour en savoir plus ! Comme les gens n'aiment pas beaucoup qu'on mette le nez dans leurs affaires, ils trouvent monsieur Curieux un peu énervant…

MONSIEUR NIGAUD

À QUOI RESSEMBLE-T-IL ?

Monsieur Nigaud est un Monsieur marron avec un gros ventre et une tête ronde, un peu comme le chiffre 8 ! Il porte sur la tête un chapeau melon bleu. Ce monsieur sourit toujours, d'un air un peu bêta !

QUEL EST SON CARACTÈRE ?

Monsieur Nigaud n'est vraiment pas malin. Il fait tout de travers et ne réfléchit pas beaucoup. Parfois, il arrive qu'on se moque de lui parce qu'il ne sait résoudre aucun problème, ne sait répondre correctement à aucune question. Cela rend monsieur Nigaud très triste car il aimerait beaucoup se montrer un peu plus malin…

N° 10

MONSIEUR RÊVE

À QUOI RESSEMBLE-T-IL ?

Monsieur Rêve est un Monsieur tout bleu, qui sourit d'un air malicieux. Ce qui le distingue des autres Monsieur Madame au premier coup d'œil, c'est sa forme de nuage. Un nuage avec des pieds, des mains et un grand sourire. Il n'est jamais très loin des gens qui rêvent !

QUEL EST SON CARACTÈRE ?

Monsieur Rêve a beaucoup, beaucoup d'imagination. Il peut entraîner tout le monde dans des aventures extraordinaires. Monsieur Rêve a le pouvoir de faire voyager plus loin et plus vite que n'importe quel avion. C'est un grand rêveur, il met un peu de poésie dans la vie. C'est un compagnon très agréable !

N°11

MONSIEUR BAGARREUR

À QUOI RESSEMBLE-T-IL ?

Monsieur Bagarreur est un Monsieur tout rouge, avec un air un peu bougon. Il est souvent penché en avant, les poings fermés et tendus, prêt à se battre. Et monsieur Bagarreur, à force de se bagarrer, se fait des bleus et des bobos ! D'ailleurs, il a un gros pansement sur la tête.

QUEL EST SON CARACTÈRE ?

Monsieur Bagarreur ne peut pas s'empêcher de chercher la bagarre. Il a toujours besoin de cogner partout. C'est plus fort que lui ! Bien sûr, monsieur Bagarreur n'a pas envie de faire mal aux autres, alors il cogne dans les arbres, et dans sa maison qui est de ce fait toute cabossée ! Monsieur Bagarreur aimerait bien arrêter de se battre, mais il s'énerve très, très vite.

Nº 12

MONSIEUR INQUIET

À QUOI RESSEMBLE-T-IL ?

Monsieur Inquiet est un Monsieur tout rond et tout bleu, avec un nez rouge. On le reconnaît surtout à son front tout plissé qui lui donne l'air très inquiet.

QUEL EST SON CARACTÈRE ?

Monsieur Inquiet n'a pas la vie facile. Il est tout le temps en train de s'inquiéter. Tout le dérange, et il imagine toujours les pires catastrophes. Monsieur Inquiet n'est jamais rassuré, même quand il n'a pas de raison de s'inquiéter. Et quand il n'est pas inquiet… ça l'inquiète beaucoup !

N° 13

MONSIEUR NON

À QUOI RESSEMBLE-T-IL ?

Monsieur Non est un Monsieur vert avec un gros nez rouge. Il porte un chapeau bleu trop grand, qui lui retombe sur les yeux. Mais on voit quand même qu'il n'est pas content, parce que ce Monsieur ne sourit presque jamais !

QUEL EST SON CARACTÈRE ?

Monsieur Non dit tout le temps non. À tout moment, quelle que soit la question, c'est plus fort que lui ! Comme il ne peut pas s'en empêcher, ça le rend parfois très triste. En disant non à tout, il se retrouve souvent tout seul... Et s'il y avait d'autres moyens d'approcher les autres que de dire oui... ?

N° 14

MONSIEUR HEUREUX

À QUOI RESSEMBLE-T-IL ?

Monsieur Heureux est tout rond et tout jaune. Il ne porte pas d'accessoire, mais ce qu'on remarque le plus chez ce Monsieur, c'est son immense sourire, presque aussi grand que son corps. C'est parce que monsieur Heureux aime la vie !

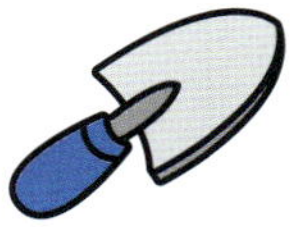

QUEL EST SON CARACTÈRE ?

Monsieur Heureux n'a pas besoin de faire d'effort pour sourire. Il est tout le temps heureux, et vit au Pays du Sourire. Il sourit tellement que c'en est contagieux. Alors, monsieur Heureux n'hésite pas à rendre heureux tous les Monsieur Madame qu'il croise.

Nº 15

MONSIEUR INCROYABLE

À QUOI RESSEMBLE-T-IL ?

Monsieur Incroyable est un Monsieur tout rond et tout violet. Il porte un chapeau haut-de-forme bleu foncé. Il n'a pas l'air vraiment incroyable, comme ça.
Et pourtant…

QUEL EST SON CARACTÈRE ?

Monsieur Incroyable sait faire les choses les plus incroyables du monde. Il peut sauter au-dessus des maisons, lire à l'envers, marcher sur les murs… Il fait cela tout le temps, avec le sourire, comme si c'était naturel et très facile. Monsieur Incroyable aime beaucoup partager ses talents.
Sa devise : « Incroyable… mais vrai ! ».

Nº 16

MONSIEUR À L'ENVERS

À QUOI RESSEMBLE-T-IL ?

Monsieur À l'Envers est un drôle de Monsieur orange, avec un grand nez. Il a une canne à la main et un chapeau sur la tête... Devine comment il les porte ? À l'envers, évidemment !

QUEL EST SON CARACTÈRE ?

Monsieur À l'Envers est un bien curieux Monsieur. Il fait tout, tout, tout à l'envers. Il marche à l'envers, tient chaque objet à l'envers, et... parle à l'envers ! C'est très déstabilisant pour ceux qui le croisent, qui finissent par parler aussi à l'envers. Au fond, monsieur À l'Envers a une vie très amusante !

N° 17

MONSIEUR PARFAIT

À QUOI RESSEMBLE-T-IL ?

Monsieur Parfait est rond et tout bleu, avec un petit nez rose. Ses cheveux sont parfaitement peignés sur sa tête, et parfaitement séparés par une raie au milieu parfaitement droite. Rien ne dépasse ! Même le sourire de monsieur Parfait est parfait.

QUEL EST SON CARACTÈRE ?

Monsieur Parfait n'a aucun défaut. Il est bien soigné, très gentil, poli et il pense à tout. Il aime faire plaisir, et prévoit des solutions à tous les problèmes pour que tout soit toujours parfait ! Les soirées avec monsieur Parfait sont très agréables : tout se passe parfaitement bien… sauf pour les Monsieur Madame un peu jaloux qui, eux, ne sont pas aussi parfaits. Pour eux, monsieur Parfait est incroyablement agaçant !

N° 18

MONSIEUR MÉLI-MÉLO

À QUOI RESSEMBLE-T-IL ?

Monsieur Méli-Mélo est un curieux Monsieur vert avec un large sourire et un grand chapeau rond, tout rouge. Comme il s'emmêle toujours les pinceaux, ses pieds vont derrière quand son corps va devant. Quel méli-mélo !

QUEL EST SON CARACTÈRE ?

Monsieur Méli-Mélo mélange tout : les heures de repas, les objets et les noms, les questions et les réponses. Il est très difficile de comprendre monsieur Méli-Mélo et… d'arriver à se faire comprendre ! Sauf, peut-être, en étant aussi distrait que lui. Ou très futé ! Il faut dire que monsieur Méli-Mélo est tout content quand il fait les choses correctement. Mais c'est tellement rare…

N° 19

MONSIEUR BRUIT

À QUOI RESSEMBLE-T-IL ?

Monsieur Bruit est un Monsieur rond et rouge. Il porte de grosses chaussures orange décorées d'arabesques noires. Avec ses épaisses semelles, il peut faire plein de bruit en marchant ! Il a souvent la bouche ouverte… parce qu'il lui est très difficile de rester silencieux !

QUEL EST SON CARACTÈRE ?

Monsieur Bruit n'est pas un très bon voisin : il fait tellement de bruit que toute la ville est réveillée par son réveil, et toute la montagne tremble sous ses pas ! Monsieur Bruit ne sait pas parler doucement : il hurle. Ce n'est pas par méchanceté que monsieur Bruit est aussi bruyant… c'est juste qu'il aime ça ! Et aussi, parce qu'il n'a jamais essayé d'être silencieux. Si ça se trouve, ça lui plairait aussi !

MONSIEUR SILENCE

À QUOI RESSEMBLE-T-IL ?

Monsieur Silence est un Monsieur kaki tout rond. Il est très discret et a seulement quelques cheveux qui dépassent du sommet de la tête. Il est assez petit, alors on ne le remarque presque pas. Pauvre monsieur Silence !

QUEL EST SON CARACTÈRE ?

Monsieur Silence a peur du bruit. Cela l'intimide énormément. Dans un monde où tout le monde est bruyant, monsieur Silence est très anxieux. Car, à force d'être silencieux, il finit par ne plus se faire remarquer. Et comment communiquer quand on est aussi discret ? Heureusement, monsieur Silence a aussi de très bons amis comme monsieur Heureux et madame Timide…

Nº21

MONSIEUR AVARE

À QUOI RESSEMBLE-T-IL ?

Monsieur Avare est un grand Monsieur bleu, tout en longueur. Il a un tout petit nez jaune, et deux oreilles qui dépassent de la tête. Monsieur Avare n'est pas très souriant : c'est qu'il est sans cesse préoccupé par son argent !

QUEL EST SON CARACTÈRE ?

Monsieur Avare est un monsieur très riche qui déteste dépenser son argent. Il le garde précieusement chez lui, bien à l'abri. Comme il déteste le dépenser, il vit dans une maison toute cassée, qu'il n'entretient pas vraiment. Mais monsieur Avare est aussi avare de son temps, de ses efforts, et de politesse. C'est un Monsieur plutôt grincheux, qui n'aime pas aider les autres, ce qui pourrait bien se retourner contre lui...

N°22

MONSIEUR SALE

À QUOI RESSEMBLE-T-IL ?

Monsieur Sale est un drôle de Monsieur rose. Il est si brouillon qu'il n'est pas rond, comme la plupart des Monsieur, mais fait de traits emmêlés comme un petit nuage désordonné !

QUEL EST SON CARACTÈRE ?

Monsieur Sale habite une maison toute crasseuse. Parce que monsieur Sale n'aime ni ranger, ni nettoyer, ni organiser, ni faire briller. Il préfère tout laisser se salir. Monsieur Sale est si sale que personne d'autre que lui ne peut se sentir bien dans sa maison. Et puis, s'il commençait à se laver et à ranger, il ne pourrait plus s'appeler monsieur Sale, n'est-ce pas ?

N°23

MONSIEUR PRESSÉ

À QUOI RESSEMBLE-T-IL ?

Monsieur Pressé est un Monsieur en forme de triangle tout violet. Il a sur la tête un petit chapeau jaune et bosselé. Monsieur Pressé est toujours en train de courir : les jambes l'une derrière l'autre, les bras en l'air, vite, vite, vite !

QUEL EST SON CARACTÈRE ?

Si tu croises monsieur Pressé, tu auras à peine le temps de le voir passer : ce Monsieur court du matin au soir sans s'arrêter, sans prendre le temps de faire les choses, ou de parler avec les gens qu'il croise. Monsieur Pressé n'a pas vraiment de raison de se dépêcher autant. Il est seulement incapable d'aller plus doucement ! Mais personne ne peut suivre quelqu'un qui va aussi vite…

N° 24

MONSIEUR TATILLON

À QUOI RESSEMBLE-T-IL ?

Monsieur Tatillon est un Monsieur vert avec des chaussures orange à lacets. Ses cheveux sont bien peignés de chaque côté de la tête, séparés par une raie au milieu bien droite. Sous son nez jaune, il a une petite moustache. Bien peignée, évidemment !

QUEL EST SON CARACTÈRE ?

Monsieur Tatillon fait toujours des chichis. C'est simple, rien ne doit dépasser. Il passe tout son temps à tout mettre en ordre, et à tout nettoyer. Il est si tatillon qu'il remarque le moindre détail de travers. Forcément, lorsqu'il croise monsieur Malchance et monsieur Maladroit, tout se complique très vite !

N° 25

MONSIEUR MAIGRE

À QUOI RESSEMBLE-T-IL ?

Monsieur Maigre est assez grand, tout jaune, et surtout très fin. Il porte un chapeau haut-de-forme rouge aussi fin que lui. Il a un nez rond tout vert. Monsieur Maigre est si maigre que, de profil, on ne le voit presque plus !

QUEL EST SON CARACTÈRE ?

Monsieur Maigre a un tout petit appétit. S'il ne mange presque rien, c'est qu'il n'a presque pas faim. Comme il est très maigre, il vit dans une maison étroite, et dort dans un lit étroit. Mais monsieur Maigre ne rêve que d'une chose... avoir un peu de ventre !

N°26

MONSIEUR MALIN

À QUOI RESSEMBLE-T-IL ?

Monsieur Malin est un Monsieur orange tout rond. Il porte de grandes lunettes rondes posées sur son grand nez et tenues par ses oreilles rondes. Il a sur la tête un chapeau haut-de-forme vert. Quand il montre qu'il est malin, il le fait avec un grand sourire !

QUEL EST SON CARACTÈRE ?

Monsieur Malin est très intelligent. Il le sait, et il aime beaucoup le montrer ! Il invente plein d'objets très malins qui l'aident au quotidien. Mais monsieur Malin ne peut pas TOUT connaître. Et quand, parfois, il n'est pas si malin, cela le rend un peu inquiet.

N° 27

MONSIEUR MALPOLI

À QUOI RESSEMBLE-T-IL ?

Monsieur Malpoli est un Monsieur rouge sombre avec un très, très gros nez. Il porte un chapeau haut-de-forme noir et un monocle (une lunette pour un seul œil) relié à un petit fil.

QUEL EST SON CARACTÈRE ?

Monsieur Malpoli est incroyablement riche, mais n'a pas vraiment d'amis. C'est parce qu'il est toujours très impoli ! Il ne dit pas bonjour ni merci, ignore les questions qu'on lui pose et ne fait jamais attention aux autres. Mais cette mauvaise humeur peut lui jouer des tours !

N°28

MONSIEUR ENDORMI

À QUOI RESSEMBLE-T-IL ?

Monsieur Endormi est un gros Monsieur rose, rond avec un gros nez. Il a un tout petit chapeau melon bleu. Et le plus souvent, on le trouve... allongé, les yeux fermés !

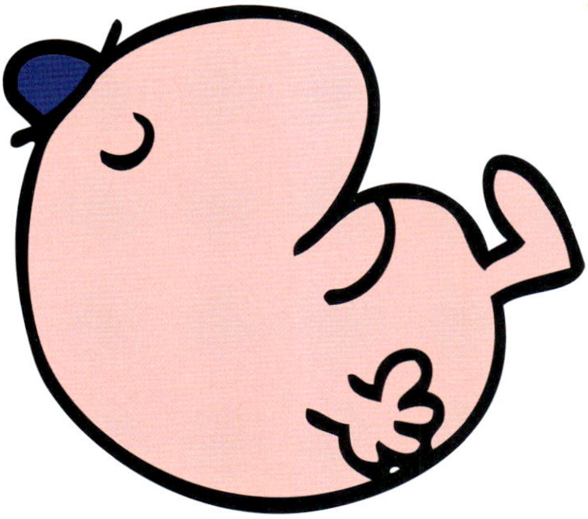

QUEL EST SON CARACTÈRE ?

Monsieur Endormi dort tellement qu'il quitte rarement son lit. Et il bâille, il bâille... c'est son activité principale, après dormir ! Parfois, on vient le réveiller, et monsieur Endormi se réveille un peu... mais pas trop, sinon, il ne se sent pas bien.

N° 29

MONSIEUR GRINCHEUX

À QUOI RESSEMBLE-T-IL ?

Monsieur Grincheux est un Monsieur carré tout bleu avec un gros nez bleu foncé. Il porte un chapeau vert, et surtout, il fait toujours la mauvaise tête. C'est parce qu'il est abominablement grincheux !

QUEL EST SON CARACTÈRE ?

Monsieur Grincheux fait toujours la tête. Pour lui, rien n'est amusant, rien n'est beau, rien n'est bien. Il parle mal aux autres Monsieur Madame et un rien l'énerve. Monsieur Grincheux est si susceptible qu'il est vite facile de le faire enrager... et les autres Monsieur ne s'en privent pas !

N°30

MONSIEUR PEUREUX

À QUOI RESSEMBLE-T-IL ?

Monsieur Peureux est un Monsieur tout rose. Comme il tremble tout le temps de peur, monsieur Peureux n'est pas lisse comme les autres Monsieur Madame. Il est tout ondulé de frayeur et a souvent la bouche toute ronde.

QUEL EST SON CARACTÈRE ?

Monsieur Peureux est si peureux qu'il se cache souvent. Il sursaute au moindre bruit, et n'ose pas approcher les autres Monsieur Madame. Il tremble sans arrêt et une simple promenade se transforme vite en terrifiante aventure pour lui.

N°31

MONSIEUR ÉTONNANT

À QUOI RESSEMBLE-T-IL ?

Monsieur Étonnant est un curieux Monsieur kaki. Comme monsieur Non, il a un chapeau sur la tête qui lui retombe sur les yeux. On ne voit que son nez ! Le chapeau de monsieur Étonnant est orange. Il porte aussi des chaussures jaunes, avec des arabesques noires comme sur celles de monsieur Bruit.

QUEL EST SON CARACTÈRE ?

Monsieur Étonnant vit dans un pays aussi étonnant que lui. Les habitants, les maisons et les animaux vivent de façon inattendue. Monsieur Étonnant aime beaucoup manger la coquille des œufs, ou entendre aboyer les oiseaux, par exemple. S'il vit de façon étonnante, il aime aussi inventer de nouvelles façons d'étonner les gens. Et avec un peu d'imagination… on peut en trouver énormément !

Nº 32

MONSIEUR FARFELU

À QUOI RESSEMBLE-T-IL ?

Monsieur Farfelu est un Monsieur rond et tout rouge. Il porte une chaussure marron… et une chaussure noire ! Lorsqu'il met des gants, c'est pareil, il en choisit un bleu et un jaune. Et son chapeau ressemble bien plus à un pot de fleurs qu'à un véritable chapeau. D'ailleurs, il y a une marguerite qui y est plantée ! Quelle idée farfelue !

QUEL EST SON CARACTÈRE ?

Monsieur Farfelu n'est vraiment pas comme tout le monde. Il fait chaque chose de travers, et appelle les gens par des noms étranges. Monsieur Farfelu a-t-il beaucoup d'imagination ? Pas forcément ! Simplement, il ne peut pas s'en empêcher. Mais cela le rend un peu triste. Si seulement il pouvait être comme tout le monde, il arrêterait de faire n'importe quoi ! Car être farfelu, c'est être différent, et ça n'est pas toujours drôle.

N° 33

MONSIEUR MALCHANCE

À QUOI RESSEMBLE-T-IL ?

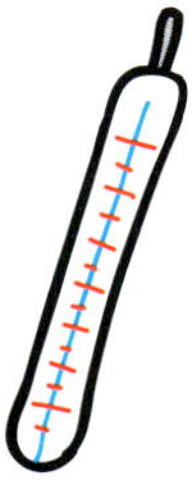

Monsieur Malchance est un Monsieur rond, tout bleu. Il est enroulé dans de longs bandages blancs, parce qu'il est si malchanceux qu'il est couvert de blessures !

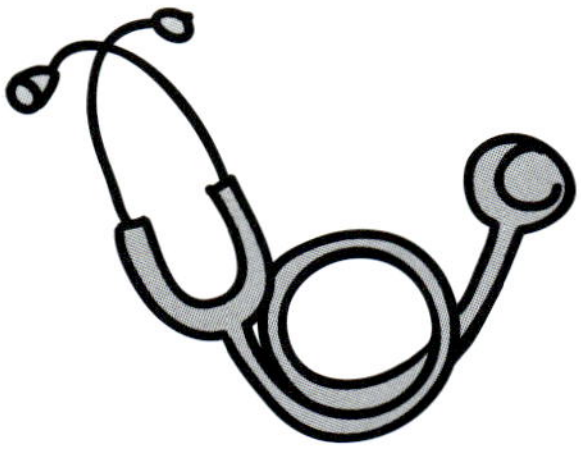

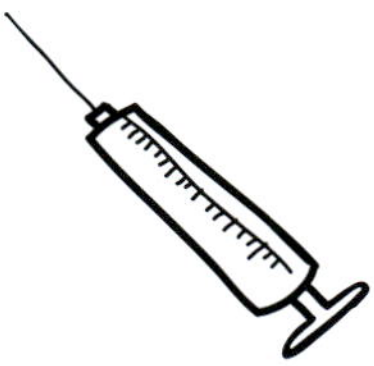

QUEL EST SON CARACTÈRE ?

Monsieur Malchance cumule les petits malheurs. À chaque instant, il casse, trébuche, tombe, se cogne... Malgré tout, monsieur Malchance n'est pas un monsieur malheureux, ni grincheux. Chaque petit malheur le fait réfléchir à la manière d'améliorer sa vie...

N°34

MONSIEUR LENT

À QUOI RESSEMBLE-T-IL ?

Monsieur Lent est un Monsieur vert et rond. Il porte une grande moustache blanche sous son petit nez jaune. Sur la tête, il a un petit chapeau melon vert. Monsieur Lent est assez souriant, un long et lent sourire qui s'étire lentement…

QUEL EST SON CARACTÈRE ?

Monsieur Lent a horreur de la vitesse. De toute façon, il ne peut pas aller vite ; il est incroyablement lent, pour chaque chose. Même… pour… parler… Il est si lent qu'il a le temps de faire très peu de choses. C'est plutôt reposant, mais c'est très embêtant quand il s'agit de trouver du travail ou de passer du temps avec les autres Monsieur Madame.

N°35

MONSIEUR NEIGE

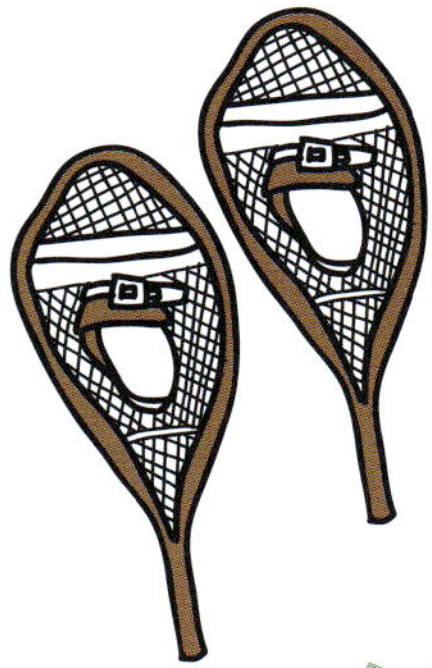

À QUOI RESSEMBLE-T-IL ?

Monsieur Neige est un bonhomme de neige qui a pris vie par magie. Alors il ressemble vraiment, vraiment à un bonhomme de neige ! Il a un gros ventre rond et une tête ronde, et tout est blanc. Il porte un chapeau noir et une longue écharpe rayée rouge et blanche. Un sacré bonhomme ce monsieur Neige !

QUEL EST SON CARACTÈRE ?

Monsieur Neige est un Monsieur plutôt bavard. Il a été fabriqué par des enfants, un jour où il neigeait vraiment très fort. En tant qu'ami du père Noël, monsieur Neige est d'une aide précieuse pour distribuer les cadeaux de Noël... Il est de très bonne humeur, car il ne connaît que le jour de Noël, qui est un jour plein de magie. Après Noël, monsieur Neige redevient un simple bonhomme de neige... En attendant patiemment l'année suivante !

Nº 36

MONSIEUR BIZARRE

À QUOI RESSEMBLE-T-IL ?

Monsieur Bizarre est un Monsieur très coloré ! Rond et jaune, il a un gros nez rouge. Ses yeux disparaissent sous son chapeau vert. Il porte des gants bleus, et des chaussures à lacets blanches à bouts bleus. Monsieur Bizarre est un Monsieur très souriant.

QUEL EST SON CARACTÈRE ?

Monsieur Bizarre est un voisin de monsieur Étonnant ; ils sont très amis ! Monsieur Bizarre fait tout de façon très bizarre : il dort dans une barque, et sa maison est dans un arbre. C'est que monsieur Bizarre a sa propre façon de voir le monde. Tout ce qui paraît bizarre aux autres est complètement normal pour lui. Il mène une vie très drôle et complètement saugrenue, mais… il s'amuse beaucoup !

N° 37

MONSIEUR MALADROIT

À QUOI RESSEMBLE-T-IL ?

Monsieur Maladroit ressemble beaucoup, beaucoup à monsieur Tatillon. Il a le même corps vert, le même nez jaune, les mêmes chaussures orange à lacets. Il a aussi des cheveux noirs et une petite moustache. Mais alors, à quoi reconnaît-on monsieur Maladroit ? Eh bien, il est si maladroit que sa moustache et ses cheveux à lui sont tout dépeignés, complètement ébouriffés !

QUEL EST SON CARACTÈRE ?

Monsieur Maladroit n'est vraiment pas très agile. Il trébuche tout le temps, et déclenche toutes les petites catastrophes possibles. Il est tellement maladroit ! C'est très compliqué au quotidien : monsieur Maladroit fait la cuisine ? Une catastrophe ! Il descend les escaliers ? Aïe aïe aïe… C'est la raison pour laquelle certains Monsieur Madame préfèrent l'éviter : il est bien trop malhabile… Pauvre monsieur Maladroit !

N°38

MONSIEUR JOYEUX

À QUOI RESSEMBLE-T-IL ?

Monsieur Joyeux est un Monsieur rond tout orange, avec un nez jaune. Il porte un chapeau rond jaune avec un ruban bleu qu'il ne quitte jamais. Le nom de monsieur Joyeux… se lit sur son sourire !

QUEL EST SON CARACTÈRE ?

Monsieur Joyeux est toujours d'excellente humeur. Il est très attaché à son petit chapeau. Monsieur Joyeux répand la joie chez les Monsieur Madame en faisant beaucoup de compliments. C'est très agréable pour tout le monde ! Monsieur Joyeux aime tellement être heureux et souriant que la méchanceté ou la moquerie ne l'atteignent pas vraiment. Pour lui, tous les sourires sont bons à prendre !

N° 39

MONSIEUR ÉTOURDI

À QUOI RESSEMBLE-T-IL ?

Monsieur Étourdi est un gros Monsieur ovale, bleu marine. Il porte sur la tête un tout petit chapeau melon rouge. Et il se gratte régulièrement la tête d'un air perplexe, qui semble vouloir dire : « Qu'est-ce que j'ai encore oublié ? ».

QUEL EST SON CARACTÈRE ?

Monsieur Étourdi n'a pas plus de mémoire qu'un moineau. Il ne se souvient de rien. Il est si étourdi qu'il oublie même où se trouvent les pièces de sa maison. C'est horriblement embarrassant : imagine quand on lui confie un message à transmettre ? Même avec beaucoup d'efforts, il est bien trop étourdi pour réussir une mission pareille.
Pauvre monsieur Étourdi !

N°40

MONSIEUR PETIT

À QUOI RESSEMBLE-T-IL ?

Monsieur Petit est le plus petit des Monsieur. Il est tout rond, tout rouge, et n'a pas de cheveux. Il n'a pas non plus de nez (ou alors, un nez si petit qu'on ne le voit pas). Il porte un chapeau melon bleu tout, tout, tout petit.

QUEL EST SON CARACTÈRE ?

Monsieur Petit est si minuscule que, exactement comme madame Petite, il a beaucoup de mal à se faire remarquer. Et comme on ne le voit pas, monsieur Petit se retrouve dans des situations très embarrassantes. On ne l'entend pas sonner à la porte, on ne le voit pas au milieu d'une douzaine d'œufs, on ne l'aperçoit pas quand il veut parler. Pourtant, monsieur Petit aimerait beaucoup se rendre utile...

N°41

MONSIEUR BING

À QUOI RESSEMBLE-T-IL ?

Monsieur Bing est un petit Monsieur tout jaune. Il est tout rond… rond comme une balle ! Il est rare de le voir la tête à l'endroit et les pieds sur le sol… car, comme une balle justement, monsieur Bing est tout le temps en train de voltiger. Son chapeau rose a d'ailleurs du mal à rester en place.

QUEL EST SON CARACTÈRE ?

Monsieur Bing est un Monsieur un peu particulier : comme il est tout rond et tout petit… il rebondit comme une balle ! Malheureusement, il ne le fait pas exprès. Comme il n'arrive pas à marcher, monsieur Bing se cogne partout, et atterrit dans les endroits les plus insolites. C'est parfois rigolo… et parfois très embarrassant. C'est pourquoi monsieur Bing aimerait beaucoup trouver une solution pour marcher comme les autres…

N°42

MONSIEUR BAVARD

À QUOI RESSEMBLE-T-IL ?

Monsieur Bavard ressemble à sa sœur… madame Bavarde ! Ils ont le même corps rose en demi-cercle, et les mêmes chaussures à lacets blanches à bouts bleus. Monsieur Bavard porte un chapeau vert… et garde souvent la bouche ouverte, lui aussi ! Quel bavard !

QUEL EST SON CARACTÈRE ?

Monsieur Bavard ne peut pas s'empêcher de parler. Il a toujours besoin de raconter quelque chose. Même quand il n'a rien à raconter ! Pour les autres Monsieur Madame, ce n'est pas une qualité : ils ne peuvent pas placer un mot. Monsieur Bavard est un ami un peu fatiguant. À moins que quelqu'un ne trouve une solution pour le guérir ?

N°43

MONSIEUR GRAND

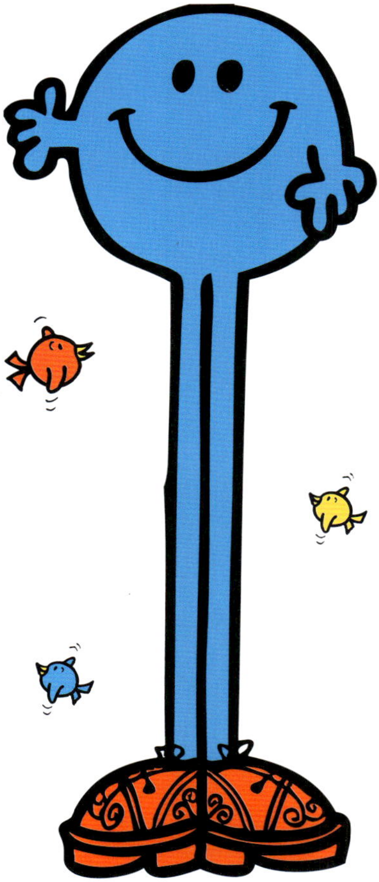

À QUOI RESSEMBLE-T-IL ?

Monsieur Grand est un Monsieur rond et tout bleu… avec les jambes les plus grandes qui existent ! Elles sont si longues qu'il est bien plus haut que tous les autres Monsieur Madame. Il porte des chaussures rouges à lacets, décorées de jolies arabesques noires.

QUEL EST SON CARACTÈRE ?

Monsieur Grand a les plus longues jambes du monde, ce qui n'est pas toujours pratique pour se mettre au lit, ou pour se mettre à la hauteur des autres, il est obligé de les plier beaucoup, et c'est très inconfortable. Monsieur Grand est triste d'être aussi grand : il pense que s'il était à la hauteur des autres, la vie serait plus simple. Pourtant, les grandes jambes peuvent être très utiles… pour marcher vite, par exemple !

N°44

MONSIEUR COURAGEUX

À QUOI RESSEMBLE-T-IL ?

Monsieur Courageux est un Monsieur ovale et jaune, un peu plus allongé que les autres Monsieur. Il porte une paire de lunettes toutes rondes sur son petit nez rond. Sur la tête, il a une casquette à rayures rouges et bleues.

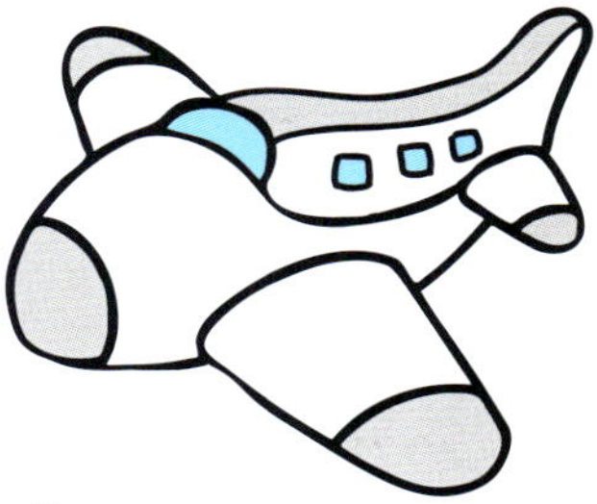

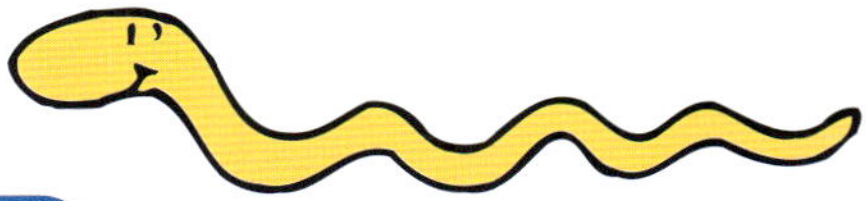

QUEL EST SON CARACTÈRE ?

Monsieur Courageux est un Monsieur exemplaire : il n'hésite jamais à montrer son courage en toute situation. Par exemple, il peut sauter dans l'eau glacée pour sauver un Monsieur de la noyade. Mais monsieur Courageux sait distinguer ce qui est courageux, et ce qui est dangereux. Et le danger est la seule chose qui lui fasse peur !

N°45

MONSIEUR ATCHOUM

À QUOI RESSEMBLE-T-IL ?

Monsieur Atchoum est un Monsieur bleu foncé qui ne ressemble à aucun autre Monsieur. Comme tous les habitants de la Glaçonie, là où il vit, monsieur Atchoum a le nez rouge car il fait très froid. Il a de longues jambes et pas de bras. Mais son corps est hérissé de piques bleues, comme s'il était tout le temps secoué par un énorme « ATCHOUM ! ».

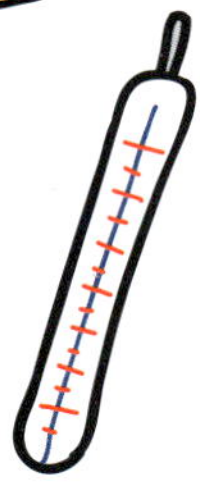

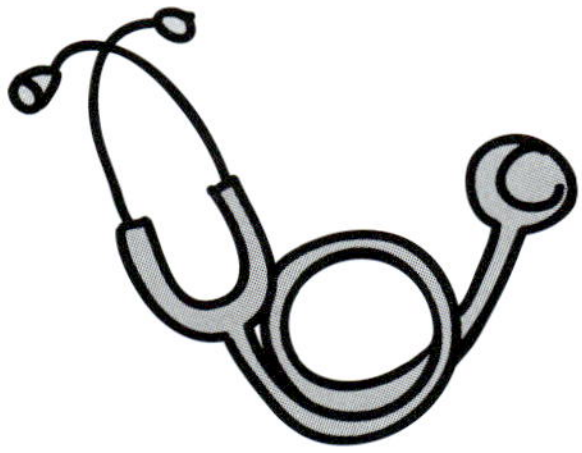

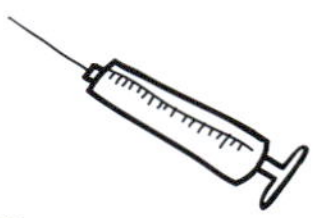

QUEL EST SON CARACTÈRE ?

Monsieur Atchoum est tout le temps enrhumé. Il habite un pays où il fait si froid qu'il neige tout le temps ! Monsieur Atchoum ne peut donc pas s'empêcher d'éternuer. À chaque phrase… « Atchoum ! » : ce fichu rhume fait des siennes ! Monsieur Atchoum aimerait bien trouver la solution pour arrêter d'éternuer. Mais comme il a toujours été malade, il ne sait pas ce que c'est de ne pas être enrhumé…

N°46

MONSIEUR GENTIL

À QUOI RESSEMBLE-T-IL ?

Monsieur Gentil est un Monsieur ovale avec un grand nez. Il porte un chapeau melon vert et il est tout blanc. Des pieds à la tête ! Monsieur Gentil fait toujours un très gentil sourire.

QUEL EST SON CARACTÈRE ?

Voilà le plus gentil des Monsieur. Il est serviable, honnête, et toujours prêt à rendre service. Il est poli et agréable, et ne s'énerve jamais. Mais il est si gentil que les Monsieur Madame les plus énervés et incorrects ne se gênent pas pour être doublement méchants avec lui. Pauvre monsieur Gentil ! Il est trop gentil pour chercher à riposter, et la méchanceté le rend très triste.

N° 47

MONSIEUR MAL ÉLEVÉ

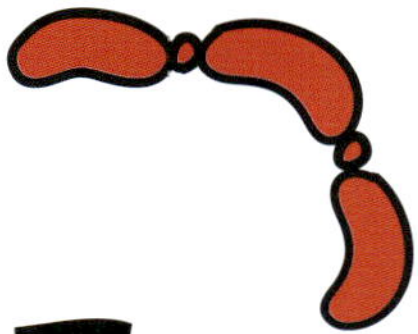

À QUOI RESSEMBLE-T-IL ?

Monsieur Mal Élevé est rond et rouge, avec un gros nez rond. Ses sourcils relevés lui donnent toujours un air mécontent. Il porte un haut chapeau noir, et il a un air colérique. Monsieur Mal Élevé n'est pas un Monsieur très agréable !

QUEL EST SON CARACTÈRE ?

Ce Monsieur est absolument insupportable : il est si mal élevé qu'il passe son temps à crier, critiquer, dire du mal des gens. Il les blesse beaucoup, comme si ça lui faisait plaisir ! Mais monsieur Mal Élevé ne sourit pas du tout, oh non ! Il préfère pester, crier, s'énerver, gronder. Il aurait besoin d'une bonne leçon !

N°48

MONSIEUR GÉNIAL

À QUOI RESSEMBLE-T-IL ?

Monsieur Génial est un Monsieur tout bleu, en forme de triangle à l'envers. Il porte un chapeau haut-de-forme bleu foncé avec un ruban blanc.

QUEL EST SON CARACTÈRE ?

Monsieur Génial, comme monsieur Rêve, surgit quand on ne s'y attend pas. Il aime pimenter une vie un peu triste ou monotone. Monsieur Génial a plein d'idées fantastiques pour passer de bons moments. Avec lui, on ne s'ennuie jamais ! D'un claquement de doigts, il rend tout bien plus intéressant. Monsieur Génial est un ami souriant et entraînant, un ami très précieux !

N°49

MONSIEUR PERSONNE

À QUOI RESSEMBLE-T-IL ?

Monsieur Personne est tout rond, avec un petit nez rond.
Il ne porte pas de chapeau, ni de chaussures, ni de lunettes.
Monsieur Personne n'est ni particulièrement grand,
ni particulièrement petit. Il n'est ni gros, ni maigre.
Il n'a même pas de couleur particulière : il est transparent !
C'est ça, d'être monsieur Personne.

QUEL EST SON CARACTÈRE ?

Monsieur Personne est un Monsieur très, très triste. Il n'a pas d'identité, et c'est très dur de n'être personne. Il ne sait pas d'où il vient, où il va, qui il est, ni quel est son caractère. Un Monsieur sans caractère, sans couleur et sans particularité peut-il se faire une petite place au milieu des autres ? Il ne lui faudrait sûrement qu'un tout petit coup de pouce, car se demander qui on est, c'est déjà être quelqu'un !

N° 50

MONSIEUR FORMIDABLE

À QUOI RESSEMBLE-T-IL ?

Monsieur Formidable est un Monsieur bleu et ovale, avec des cheveux verts. Il porte des chaussures orange à motif. Mais s'il le souhaite, il peut changer de forme ou bien devenir jaune avec des cheveux roses ou même invisible !

QUEL EST SON CARACTÈRE ?

Monsieur Formidable est capable de faire toutes sortes de choses formidables. C'est un Monsieur très gentil qui aime venir en aide à ses amis. Souvent, il met ses formidables compétences à leur service : par exemple, il est capable de chatouiller monsieur Chatouille pour l'empêcher de faire des guili-guili à madame Risette.

MONSIEUR AVENTURE

À QUOI RESSEMBLE-T-IL ?

Monsieur Aventure est un Monsieur jaune et ovale. Il porte des chaussures rouges et une casquette bleue. Il se déplace toujours avec un sac à dos de randonnée sur le dos.

QUEL EST SON CARACTÈRE ?

Monsieur Aventure est un vrai casse-cou. Il adore partir en vacances mais pas pour se reposer, bien au contraire ! Il recherche toujours l'adrénaline et les sensations fortes. Il est très doué pour mettre du piment dans sa vie et transformer une situation ennuyeuse en une aventure excitante.

MONSIEUR ANNIVERSAIRE

À QUOI RESSEMBLE-T-IL ?

Monsieur Anniversaire est un Monsieur carré et bleu, avec un nez rose. Il porte des chaussures rouges à motif et il ne quitte jamais son chapeau de fête rayé rouge et jaune.

QUEL EST SON CARACTÈRE ?

Monsieur Anniversaire adore les fêtes d'anniversaire et il est le meilleur pour les organiser. Il n'en rate pas une et il sait parfaitement s'adapter à la personnalité et aux goûts de chacun pour faire plaisir. Que ce soit une fête sans ballons pour monsieur Peureux ou bien une fête avec des chapeaux étranges pour monsieur Étonnant, il sait exactement ce qu'il faut faire jusque dans les moindres détails.

MONSIEUR NOËL

À QUOI RESSEMBLE-T-IL ?

Monsieur Noël est un Monsieur vert en forme de triangle. Il a un nez jaune et un chapeau de Noël rouge avec un pompon blanc sur la tête. Il porte des chaussures rouges à motif et des gants rouges également.

QUEL EST SON CARACTÈRE ?

Monsieur Noël est un Monsieur très gentil et toujours prêt à rendre service. Quand son oncle le Père Noël lui demande de l'aide, il n'hésite pas une seconde à accepter. Et comme il est plein de ressources, il sait aussi à qui s'adresser pour lui donner un coup de pouce.

As-tu toute la collection des MADAME ?

☐ Madame AUTORITAIRE

☐ Madame TÊTE-EN-L'AIR

☐ Madame RANGE-TOUT

☐ Madame CATASTROPHE

☐ Madame ACROBATE

☐ Madame MAGIE

☐ Madame PROPRETTE

☐ Madame INDÉCISE

☐ Madame PETITE

☐ Madame TOUT-VA-BIEN

☐ Madame TINTAMARRE

☐ Madame TIMIDE

☐ Madame BOUTE-EN-TRAIN

☐ Madame CANAILLE

☐ Madame BEAUTÉ

☐ Madame SAGE

☐ Madame DOUBLE

☐ Madame JE-SAIS-TOUT

☐ Madame CHANCE

☐ Madame PRUDENTE

☐ Madame BOULOT

☐ Madame GÉNIALE

☐ Madame OUI

☐ Madame POURQUOI

☐ Madame COQUETTE

☐ Madame CONTRAIRE

☐ Madame TÊTUE

☐ Madame EN RETARD

☐ Madame BAVARDE

☐ Madame FOLLETTE

☐ Madame BONHEUR

☐ Madame VEDETTE

☐ Madame VITE-FAIT

☐ Madame CASSE-PIEDS

☐ Madame DODUE

☐ Madame RISETTE

☐ Madame CHIPIE

☐ Madame FARCEUSE

☐ Madame MALCHANCE

☐ Madame TERREUR

☐ Madame PRINCESSE

☐ Madame CÂLIN

☐ Madame FABULEUSE

☐ Madame LUMINEUSE

☐ Madame INVENTION

☐ Madame ANNIVERSAIRE

☐ Madame NOËL

As-tu toute la collection des MONSIEUR ?

☐ Monsieur CHATOUILLE

☐ Monsieur RAPIDE

☐ Monsieur FARCEUR

☐ Monsieur GLOUTON

☐ Monsieur RIGOLO

☐ Monsieur COSTAUD

☐ Monsieur GROGNON

☐ Monsieur CURIEUX

☐ Monsieur NIGAUD

☐ Monsieur RÊVE

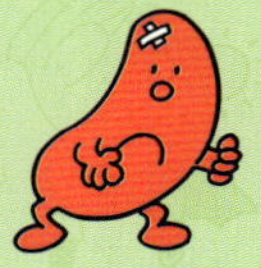
☐ Monsieur BAGARREUR

☐ Monsieur INQUIET

☐ Monsieur NON

☐ Monsieur HEUREUX

☐ Monsieur INCROYABLE

☐ Monsieur À L'ENVERS

☐ Monsieur PARFAIT

☐ Monsieur MÉLI-MÉLO

☐ Monsieur BRUIT

☐ Monsieur SILENCE

☐ Monsieur AVARE

☐ Monsieur SALE

☐ Monsieur PRESSÉ

☐ Monsieur TATILLON

☐ Monsieur MAIGRE

☐ Monsieur MALIN

☐ Monsieur MALPOLI

☐ Monsieur ENDORMI

☐ Monsieur GRINCHEUX

☐ Monsieur PEUREUX

☐ Monsieur ÉTONNANT

☐ Monsieur FARFELU

☐ Monsieur MALCHANCE

☐ Monsieur LENT

☐ Monsieur NEIGE

☐ Monsieur BIZARRE

☐ Monsieur MALADROIT

☐ Monsieur JOYEUX

☐ Monsieur ÉTOURDI

☐ Monsieur PETIT

☐ Monsieur BING

☐ Monsieur BAVARD

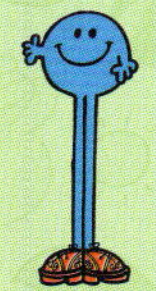

☐ Monsieur GRAND

☐ Monsieur COURAGEUX

☐ Monsieur ATCHOUM

☐ Monsieur GENTIL

☐ Monsieur MAL ÉLEVÉ

☐ Monsieur GÉNIAL

☐ Monsieur PERSONNE

☐ Monsieur FORMIDABLE

☐ Monsieur AVENTURE

☐ Monsieur ANNIVERSAIRE

☐ Monsieur NOËL

TOUS À LA FÊTE FORAINE !

Les Monsieur Madame profitent d'une journée étourdissante, vertigineuse et amusante à la fête foraine !

À toi de retrouver :

10 beignets	2 peaux de banane	1 canard	7 chevaux	1 train	Monsieur À l'Envers

LOIN DE CE MONDE

5 … 4 … 3 … 2 … 1 …
Décollage imminent avec les Monsieur Madame !

À toi de retrouver :

1 livre

2 bananes

3 planètes

2 extraterrestres

1 paille en zigzag

La baguette de madame Magie !

UN CHAOS MULTICOLORE !

Flac ! splash ! floc ! Quand les Monsieur Madame laissent libre cours à leur créativité, tout le monde doit faire très attention !

À toi de retrouver :

- **5** crayons de couleur
- **2** chevalets
- **2** échelles
- **1** pommes
- **1** sandwich
- Monsieur Peureux

SOLUTIONS

TOUS À LA FÊTE FORAINE !

LOIN DE CE MONDE

UN CHAOS MULTICOLORE !